Género No ficción

I0902710

Pregunta esencial
¿Quién te ayuda?

Me ayudas, te ayudo

Cynthia Moloney

Capítulo 1 **Ayuda en familia**

Recibir ayuda es algo habitual. Mucha gente nos ayuda a diario de mil maneras distintas. Como en los deportes, podemos decir que formamos parte de un equipo. Algunos "miembros del equipo" son de nuestra familia. Pero otros, no.

Piensa en la gente que te brinda ayuda. ¿Quiénes son y qué hacen?

Mucha gente nos brinda ayuda.

¡Mi madre es la mejor! Me hace el desayuno todas las mañanas. Después camina conmigo hasta la escuela antes de irse al trabajo.

Nos gusta leer juntas todas las noches. Nos turnamos para leer. Ella **define** las palabras que no conozco y me ayuda a leer las que son más difíciles. Nuestros libros favoritos hablan sobre el espacio.

Mientras caminamos, mi madre y yo contamos cuentos.

Mi hermano es miembro de mi familia, pero también es mi mejor amigo. Siempre juega conmigo, en casa y al aire libre. Cuando tiramos al aro, me alza para que yo enceste la pelota. ¡Bravo!

Ayuda familiar
Algunos niños tienen primos o amigos que pueden portarse como un hermano. Las tías y los tíos también nos ayudan mucho.

También me deja estar con sus amigos cuando vienen a casa.

Mi hermano y yo volvemos juntos de la escuela.

Mi padre cocina y repara muchas cosas. A veces me pide que lo ayude. Así aprendo a cocinar y reparar cosas como él.

Él me enseñó a andar en bici sin rueditas. Me sostenía cuando yo sentía que perdía el equilibrio. Siempre me pone el casco para que no me lastime si me caigo.

Con ayuda, es más fácil aprender a andar en bici.

Mi abuela me hace sentir especial. Lleva mi foto a todas partes porque me quiere presentar a sus amigos.

También me enseña a tejer. Ella está tejiendo un suéter y yo estoy tejiendo una bufanda.

Las abuelas nos hacen sentir especiales.

Capítulo 2

Ayuda en el vecindario

Los dentistas usan herramientas especiales para revisar y limpiar los dientes.

La dentista me ayuda a mantener la boca y los dientes sanos. Al principio de la consulta, me enseñó a cepillarme los dientes y usar hilo dental.

Voy a la dentista dos veces al año para que me **examine**. Me dice que no coma muchas golosinas... ¡Yo trato de no hacerlo!

Para encontrar un libro en la biblioteca, primero búscalo en la computadora.

La bibliotecaria tiene muy buen carácter. Me ayuda a elegir libros interesantes. Yo acepto sus sugerencias porque casi siempre tiene razón.

También me enseñó a buscar libros en el **catálogo**. ¡Me encanta ir a la biblioteca!

Detective del lenguaje

Menciona todos los sinónimos y antónimos que conozcas de la palabra subrayada.

La niñera va a buscarme a la escuela cuando mamá y papá están en el trabajo. Me ayuda a cumplir con la tarea.

Cuando termino la tarea, conversamos y jugamos juntos. A veces nos ponemos a cocinar. ¡Con ella me divierto mucho!

Las niñeras

Hay muchas formas de referirse a una niñera. ¿Conoces alguna de estas palabras?

- nana
- institutriz
- canguro
- *babysitter*

Una niñera es alguien que cuida de ti.

Los bomberos nos enseñan a evitar incendios. Ellos me dijeron: "Si hay un incendio, debes salir y llamar al 9-1-1".

Los obreros también me ayudan. Ellos hicieron mi casa y mi escuela. También hicieron otros edificios de mi vecindario.

Estos son los miembros de mi equipo. ¿Quiénes son los miembros del tuyo?

Detective del lenguaje ¿Por qué el texto subrayado está entre comillas?

Los bomberos y los obreros también nos ayudan.

Respuesta a la lectura

Volver a contar

Vuelve a contar *Me ayudas, te ayudo* con tus propias palabras.

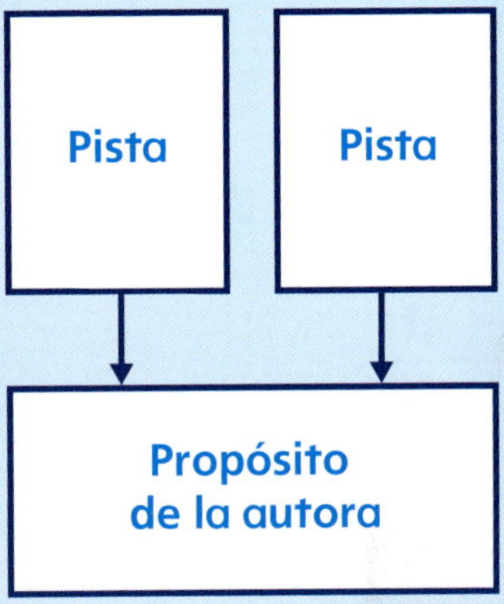

Evidencia en el texto

1. Compara las personas de *Me ayudas, te ayudo* con personas que te ayudan. ¿En qué se parecen? **Propósito de la autora**

2. ¿Cuál crees que fue el propósito de la autora al escribir este libro? **Propósito de la autora**

3. ¿Es *Me ayudas, te ayudo* ficción o no ficción? ¿Cómo lo sabes? **Género**

Género Poesía

Compara los textos

Lee un poema sobre gente que te ayuda.

El incendio y los héroes

Alexis Romay

El humo es intenso.
La sirena aúlla.
Las llamas avanzan
en la noche oscura.

El incendio es grande.

Todo está caliente.

Pero los bomberos

sí que son valientes.

Sacan las mangueras.

Echan agua fría,

y apagan el fuego

con su valentía.

¿? Haz conexiones

¿En qué se parecen los bomberos del poema a los de *Me ayudas, te ayudo*?

El texto y otros textos

Glosario

catálogo lista ordenada de cosas, por ejemplo de los libros de una biblioteca ***(página 8)***

definir dar el significado de una palabra o idea ***(página 3)***

examinar revisar algo con atención ***(página 7)***

Índice

Enfoque:

Estudios Sociales

Propósito Conocer mejor a las personas que te ayudan

Paso a paso

Paso 1 Piensa en las personas que te ayudan.

Paso 2 Haz una tabla como esta. Complétala con nombres de las personas que te ayudan.

¿Quién me ayuda?	¿Cómo me ayuda?

Paso 3 Escribe dos oraciones acerca de cada persona de tu tabla. Compara tu tabla con las de tus compañeros.